# DECLARATION

## du Roy sur la trãslation du domicile des contribuables aux Tailles.

*Auec vne briéue Annotation de L. Charondas le Caron Iurisconsulte Parisien.*

A PARIS,

Chez P. L'HVILLIER, Imprimeur & Libraire ordinaire du Roy.

1604.

*Auec priuilege de sa Maiesté.*

# DECLARATION DV ROY
## SVR LA TRANSLATION DV
domicile des contribuables aux
Tailles, pour l'interpretation du
xxij. Article de l'Edict du mois de
Mars, 1600.

# DECLARATION DV ROY

*sur la translation du domicile des contribuables aux Tailles.*

HENRY PAR LA GRACE DE DIEV ROY DE FRANCE ET DE NAVARRE, A nos amez & feaulx Conseillers les gens tenans nostre Cour des Aydes à Paris, Thresoriers generaux de nos finances, & autres nos officiers qu'il appartiendra, Salut. Novs sur diuerses plaintes à nous faictes des abus, inegalitez, & fraudes qui se commettoient en la contribution & leuee des Tailles: Aurions deputé par nos Prouin-

A ij

ces , pour le reiglement d'icelles
Tailles, & depuis par noſtre Edict
du mois de Mars, mil ſix cents,
auons mis peine de regler les deſor-
dres paſſez, & les faire ceſſer à l'ad-
uenir, & particulierement pour
empeſcher les fraudes de pluſieurs
habitans des parroiſſes, leſquels
pour s'exempter du payement des
Tailles auoyent accouſtumé de faire publier au proſne auant le iour &
feſte ſainct Remy, qu'ils vouloient
aller demeurer en autre parroiſſe.
Nous auons par le xxij. article dudict Edict ordonné aux Aſſeeurs des
parroiſſes, de cottiſer les deſſuſdicts
au lieu de leur ancienne demeure
iuſques à ce qu'ils ayent demeuré
par an & iour au lieu auquel ils ont
faict publier vouloir transferer leur
demeure, toutesfois parce qu'au
commencement dudict article, eſt

faicte expresse mention de ceux qui
ont intention de retourner en leur
premiere parroisse , apres que la
Taille y aura esté assise, comme aussi
de ceux qui transferent leur domi-
cille afin d'estre cottisez à vne nouuelle parroisse , à beaucoup moins
qu'ils ne deuroient, pour n'y estre
cogneus, & ny auoir leurs biens assis, on pourroit faire doute si ceux
qui sans fraude ont veritablement
effectué la translation public , ou
qui seroient taxez en la nouuelle
parroisse à pareille ou plus haute ta-
xe qu'ils n'estoient en l'ancienne,
soient neantmoins cottisables en
ladicte parroisse du premier domicile par an & iour, conformément à
ce qui est disposé indefiniment par
ledict article. Novs A CES CAVSES,
Et afin de leuer toutes causes & occasions de plaid & procés pour ce

regard. Aussi que nostre intention est que ceste translation de domicile soit establie & vrayement executee par an & iour en la nouuelle parroisse auant que ceux qui y sont venus demeurer y puissét estre cottisez, à fin que durant ledict temps, non seulement les fraudes puissent estre descouuertes, mais aussi que ceux de la nouuelle parroisse se puissent instruire des moyens & facultez de ceux qui de nouueau y auront transferé leur domicile: Declarons, voulons, ordonnons, & nous plaist que ledict article ait lieu & soit gardé, & obserué, & executé plainement & entierement pour tous habitans des parroisses qui auront transferé leur domicile d'vne parroisse en autre sans distinction quelconque, & ce faisant qu'au payement de la Taille & de tous au-

tres deniers leuez par forme de Tailles, tous habitans des parroisses qui
auront faict publier leur translation
de domicile soient cottisez & contribuables en la parroisse, de laquelle ils voudront & entendront partir,
iusques à ce qu'ils ayent demeuré
par an & iour au lieu auquel ils auront faict publier qu'ils se veulent
retirer : par ce moyen ne pourront
durant ledict an & iour estre mis &
imposez és Tailles, ny contraints au
payement d'icelles en la parroisse de
leur nouuelle translation, le surplus
dudict article pour ceux qui estans
sur les confins de diuerses eslections
ou generalitezbastissent hors le lieu
de leur demeure ordinaire quelque
petite maison où ils se retirent en
fraude sortissant son plain & entier
effect: Car tel est nostre plaisir. Don-
né à Paris le ix. iour de Mars l'an de

grace mil six cents quatre. Et de nostre regne le quinziesme. Par le Roy
en son Conseil.        L'HVILLIER.

Et sellé sur simple queuë du grãd
seel de cire jaune.

Et au bas est escrit, Leuës, publiees
& registrees en ladite Cour, ouy sur
ce le Procureur general du Roy,
pour estre obseruees selon leur forme & teneur , ainsi que le Roy le
veut & mande , & conformement à
l'Arrest d'icelle Cour du iour d'hier
ordõné que coppies collationnees
ensemble dudict Arrest seront enuoyees en chacune election du re-
sort de ladicte Cour pour y estre publiees. Enioint ausdicts substituts
dudict Procureur general d'y tenir
la main: à Paris en ladicte Cour des
Aydes le 24. Mars, mil six cents quatre.   Signé,   DV PVX.   commis.

*Extraict*

## Extraict des Registres de la Cour des Aydes.

VEv par la Cour les chambres af-
semblees, les lettres patentes
du Roy en forme de declaration
donnees à Paris le neufiefme Mars,
mil six cents quatre. Signées, par le
Roy en fon Confeil. L'HVILLIER.

Et feellees du grand feel de cire
iaune fur fimple queuë, adreffantes
à ladicte Cour, par lefquelles fa Ma-
iefté pour les caufes & confidera-
tions y contenuës en executant l'article vingt & deux de fon Edict du
mois de Mars, mil fix cents, Veut,
declare & luy plaift que ledict article ait lieu, & foit gardé, obferué, &
executé plainement & entierement
par tous les habitans des parroiffes
qui auront transferé leur domicile

B

d'vne parroisse en autre sans distinction quelconque. Et ce faisant que
au payement de la Taille & de tous
autres deniers leués par forme de
taille, tous habitans des parroisses
qui auront faict publier leur translation de domicile soient cottisez &
contribuables en la parroisse de laquelle ils voudront & entendront
partir iusques à ce qu'ils ayent demeuré par an & iour au lieu auquel
ils auront faict publier qu'ils s'en
veulent retirer : Par ce moyen ne
pourront durant ledict temps &
iour estre mis & imposez és tailles,
ny contraints au payement d'icelles,
en la parroisse de leur nouuelle trás-
lation, ainsi comme plus au long est
contenu esdictes lettres. Conclu-
sions du Procureur general du Roy,
tout ce consideré. La Cour a ordonné & ordonne que lesdictes lettres

seront regiſtrées au greffe d'icelle,
pour eſtre executees ſelon leur forme & teneur, ainſi que le Roy le
veut & mande : à ceſte fin que coppies collationnees deſdictes lettres,
enſemble du preſent Arreſt ſeront
enuoyees en chacune election du
reſort de ladicte Cour pour y eſtre
publiees : Et enioint aux Subſtituts
du Procureur general du Roy deſdictes elections d'y tenir la main.
Prononcé le xxiiij. Mars 1604.
Signé, Dv Pvy.   Commis.


## ANNOTATION.



CESTE *Declaration demonſtre*
*combien le Roy eſt ſoigneux du bien*
*& repos de ſon Royaume, & d'entrete-*
*nir entre ſes ſubiects vne égalité pour les*
*charges auſquelles ils ſont contribuables,*
*& y mettre vn bon ordre. Quand Pla-*

B ij

ton & *Aristote* discourent du deuoir &
office du Legislateur, ils desirēt que d'autāt
qu'il est possible, il face les loix si claires
& amples, qu'elles ne laissent rien en doute, & dont se puissent engendrer des diffe-
rents & procés entre les citoyens. Toutesfois par ce que les subtilitez & artifices des
esprits humains inuentent souuent des in-
terpretations & gloses ambigues sur les
Loix, & constitutions des Princes, y ap-
portans des doutes & dificultez, ou qu'il
suruient de nouuelles occasions, c'est vne
grande prudence au bon Roy & sage Legislateur qui a faict la Loy, d'en donner
luy-mesme la declaration, & retrancher
le cours des procés: mesmement quand il en
a receu des plaintes. Rationabiles (in-
quit Theodoricus apud Cassiodo-
rum lib. 4. epist. 6.) petitiones, sup-
plicum libenter amplectimur, qui
etiam non rogati iusta cogitamus, à
quoy conuient, quod traditur in l. vlt.

c. de legibus. I'ay monstré sur le 22. article de l'Edict de l'an 1600. combien la translation des domiciles que faisoient les Latins associez & confederez des Romains, en la ville de Rome apportoit des plaintes, qui auroient esté cause que le Senat y auroit pourueu, vt refert Liuius lib. 41. Encores que la liberté en laquelle les François ont tousiours esté maintenus, permette à chacun de transferer son domicile d'vne ville, bourg ou village en l'autre: si est-ce que telle translation ne doit estre toleree, en fraude des tailles & charges qui se doiuent leuer sur ceux qui font leur residence ordinaire, au lieu duquel ils veulent changer de domicile. Car elle tourneroit au preiudice des autres habitans, qui seroient tenus de porter les sommes, ausquelles auroient esté assis & cottisez ceux qui se seroient absentez. Pour les charges publiques celuy est reputé habitant, & incola qui in aliquam regio-

nem domicilium suum contulit, l.
pupillus. §. Incola. D. de verbo. signific. *Ce qui se doit entendre , si sedes ibi
desixerit , & domicilium , larem , re-
rumque ac fortunarum suarum sum-
mam, animo ibi commorandi consti-
tuerit , l. ciues , 7. C. de incolis. Laquelle deliberation de faire & arrester son
domicile en vn lieu , se peut cognoistre par
la residãce ordinaire d'vn an entier, qu'on
dict an & iour. Ce que le Iurisconsulte
declare bien,*in l. in lege censoria. D. de
verb. signific. eam domum vnicui-
que nostrûm debere existimari, vbi
quisque sedes & tabulas haberet sua-
rumque rerum constitutionem fe-
cisset. Et hæc quidé constitutio animi
destinationem ostendit, ex qua co-
gnoscitur vbi quis domiciliú habeat,
l. eius qui D. ad. municipal. *Qui auroit
esté cause de faire ordonner que ceux paye-
roient tailles en deux lieux , qui n'auroient*

demeuré par an & iour au lieu, où ils auroient fait publier qu'ils se vouloiët retirer,
arg. l. Adsumptio. D. ad municipal.
Toutesfois le Roy par sa prudence & bon-
té Royale, considerant n'estre raisonnable,
qu'vne mesme personne paye la taille en
deux lieux, d'autant qu'elle est personnel-
le, & penditur tanquàm capitatio, il
auroit voulu y apporter vne moderation,
par la declaration dudict 22. article : En
quoy monstre sa Maiesté combien elle de-
sire le soulagement de ses suiects, & d'em-
pescher qu'ils ne soient surchargez & op-
primez d'exaction de Tailles.

9 782329 270302